AF359902

RÈGLEMENTATION

DU COMMERCE

DE LA BOUCHERIE

RÉGLEMENTATION

DU COMMERCE

DE LA

BOUCHERIE

SUIVIE DE

CONSIDÉRATIONS

SUR LA FOURNITURE DES VIANDES A L'ARMÉE

PAR F. RENAUD

PRIX : 2 FRANCS

BESANÇON

IMPRIMERIE DE J. BONVALOT

FÉVRIER M. DCCC. LXIII

PRÉFACE.

La boucherie! voilà une question qui intéresse tout le monde, et qui a déjà occupé bien souvent la sollicitude de l'administration, sans aboutir à une solution.

Sans me dissimuler combien d'intérêts graves sont liés à ce genre de commerce, je n'hésite pas à tenter de concourir à sa rénovation.

C'est certainement parce que la question est complexe que le but n'a pas encore été atteint. Il ne suffit pas de faire des statistiques du bétail abattu; de donner le tableau des prix comparés des viandes pendant plusieurs années; d'établir d'une manière incertaine les différences entre les prix d'achat et ceux de vente; de disserter sur les premiers ou les bas morceaux (surtout quand on ne sait pas dans quelle partie de l'animal ils sont); de prendre des renseignements décousus et de les interpréter dans un article de journal; d'imposer une taxe condamnée par l'expérience; de faire de la théorie en style compassé; — il faut raisonner avec une connaissance personnelle, positive et arriver à un résultat pratique.

Traiter la question au grand jour, entrer dans ses détails, laisser à chaque boucher la liberté de fixer ses prix de vente et à la concurrence le principal rôle dans la RÈGLEMENTATION du commerce de la boucherie, tels sont les moyens propres à réaliser la réforme dont les besoins se font sentir sur tous les points de l'Empire.

Les grands intérêts de l'agriculture, cette source de toutes les richesses, doivent en même temps participer aux progrès dont ce travail a pour but de rechercher et signaler les voies.

La règlementation du commerce de la boucherie traitée ici au point de vue général est envisagée plus particulièrement par rapport à la ville de Besançon ; mais les inductions ou les déductions à en tirer seront facilement applicables partout.

La volonté de l'auteur est d'indiquer avec netteté un milieu équitable pour les producteurs, les bouchers et les consommateurs. Il est essentiel d'éviter à la fois le monopole et la licence ; il ne faut pas non plus que l'administration soit exposée à reconnaître, ainsi que le disait le ministre de l'intérieur dans un rapport annexé à l'ordonnance royale du 18 octobre 1829, que « l'état actuel du commerce de la boucherie est périlleux pour les familles qui l'exploitent. » Ou bien encore, suivant un rapport lumineux de M. Boulay de la Meurthe, lu à la séance du conseil municipal de Paris le 13 août 1841 : « Que depuis huit ou neuf ans 215 bouchers de Paris avaient quitté leur profession par suite de la détresse de leurs affaires. »

L'exemple du cocher qui, regardant avec frayeur le fossé d'où il vient de sortir, va se jeter dans le contre-fossé, ne doit pas être suivi. Un juste milieu; à chacun le sien, rien de plus.

La concurrence est le moyen de déjouer le monopole, de contenir les ambitions, de diriger, dans un courant régulier, avec de sages limites, un commerce demeuré jusqu'à ce jour sans règles équitables. Avec ce moyen, point de contrainte, point de plaintes élevées contre les mesures de l'administration, point de difficulté pour l'autorité dans l'exécution de ses statuts salutaires. De la liberté pour tous et partout; à chacun le libre essor de son initiative; enfin le principe du libre échange selon la pensée souveraine qui éclaire la France; le tout encadré dans une loi ou un règlement ayant pour base : « La concurrence! »

LES BOUCHERS.

Les effets de la concurrence ne se borneront pas à établir l'ordre, la sécurité et des économies au profit des populations; ils seront très-utiles au commerce de la boucherie qui se fait d'une façon bien plus désordonnée qu'on ne le croit dans le monde. Les bouchers se concertent quand leurs intérêts sont en jeu; mais de leurs délibérations il ne sort jamais de mesures propres à donner une satisfaction même fictive à l'opinion. C'est un commerce qui fonctionne comme à l'état primitif, attendant le perfectionnement et manquant de direction intelligente; il se meut dans la routine et se recommande peu par la probité; aussi y a-t-il plus que des réformes à introduire : ce commerce est presque entièrement à organiser.

La jalousie est très-grande dans la classe des bouchers; quelquefois ils se font concurrence par la réduction des prix; le plus souvent ils recourent au dénigrement; cependant, dans le danger, si une mesure administrative ou quelque question d'une certaine valeur les menacent, tous s'entendent et ne font qu'un ; alors leur jalousie est dissimulée; elle ne se fait jour que si elle est provoquée par un vendeur adroit qui souvent obtient 30, 40 et 50 francs en sus de la valeur réelle sur une paire de bœufs de choix, quelquefois 100 et même 200 francs. Au souvenir de ce sacrifice se substitue promptement la pensée d'avoir

les beaux bœufs et de pouvoir en parler longtemps
comme s'ils restaient toujours à l'étal. Ce triomphe
donne du ton et de la jactance au boucher, mais il a
son revers..... pour le consommateur : si le boucher
achète du bétail de la dernière qualité, il le fait conduire nuitamment à l'abattoir; si la qualité est passable, c'est par le vendeur qu'on laisse conduire les
bœufs de jour à l'abattoir; si la qualité est bonne, le
boucher fait accompagner les bœufs par son garçon;
si c'est une qualité supérieure, comme les bœufs dont
il est parlé précédemment, le boucher les fait séjour-
ner devant son étal, se complait à les examiner, et
volontiers c'est lui qui les fait cheminer lentement à
l'abattoir. Là, il engage les amateurs à estimer la
qualité, le poids; il propose des paris, il raisonne
comme s'il ne débitait que des bœufs semblables, et
ses confrères sont sans mérite devant le sien.

A la déception subie par les consommateurs, il faut
ajouter qu'une fois les bœufs achetés quelques francs
par 100 kilos de plus que leur valeur, le bruit s'en
répand, les bouchers s'en prévalent pour augmenter
leurs prétentions, et une hausse s'opère sans motif
plausible.

N'oubliant pas que l'agriculture doit trouver son
compte, on pourrait encore signaler, dans certains
moments, la facilité ou la largesse avec laquelle les
bouchers agissent aux achats, et cela parce que leur
liberté à la vente, sans le plus léger frein, leur permet
de réaliser commodément de forts bénéfices.

Les bouchers qui font des étalages au-devant de

leurs étaux exposent toujours de belles viandes, en même temps qu'aux moufles ou crochets du fond de la boucherie, se trouve de la qualité bien moindre qui est débitée comme étant semblable à celle de la montre. En 1860, une des boucheries qui exposent les viandes les mieux parées, a vendu, elle seule, sans compter les vaches, 141 taureaux. Il va sans dire que le bouc et la chèvre sont vendus pour du mouton, car l'octroi perçoit des droits pour ces animaux, et si vous interrogez les bouchers, pas un n'en vend. Envoyez donc de confiance votre cuisinière chercher du bœuf pour votre pot-au-feu et un gigot de mouton pour votre rôti ; et l'ouvrier qui paie sa viande de bonne foi pour en nourrir sa famille le dimanche, quelle garantie a-t-il? et pour les bouchers eux-mêmes, la concurrence est-elle égale entre ceux qui veulent se respecter et ceux qui trompent?

Sur tout cela il faut répandre la lumière et mettre au jour les actions de chacun. Constamment gardé à vue par l'opinion publique, l'homme improbe sera obligé de se réformer et de devenir honnête. Quand sont bien ménagés les intérêts des masses, toujours il y a gain pour la morale.

A Besançon, les bouchers ont l'habitude de vendre au même prix les viandes de bœuf, veau et mouton. Ce fait prouve aux personnes les plus étrangères au commerce de la boucherie toute l'ignorance de ceux qui l'exercent. Chacun sait que dans le cours de l'année les veaux, les moutons et même les bœufs ont leur saison d'abondance et leur saison de rareté.

Le prix moyen des veaux dans le temps de l'abondance s'élève de 60 à 70 pour 100 pendant la rareté; les moutons de 30 à 40 pour 100, et les bœufs de 15 à 20 pour 100. S'il n'est pas tenu compte des variations de prix dans les ventes à l'étal, voici ce qui arrive : quand le veau ou le mouton offrent de la perte au boucher, il refuse d'en vendre ou n'en livre que difficilement à ses clients les plus fidèles et les plus importants; des consommateurs se trouvent quelquefois privés de la faculté de se procurer l'espèce rare avec leur argent à la main, ou n'ont que la ressource d'accepter du veau sevré de six, huit ou dix mois, ou de la chèvre, avec lesquels on abuse les personnes ne sachant pas en faire la différence. Quand le veau et le mouton offrent de grands bénéfices, les bouchers forains viennent en vendre de fortes quantités au détriment de ceux de la ville qui ont négligé de se mettre au niveau du cours. Ce serait leur affaire si cela ne mettait pas les particuliers dans l'alternative d'être privés du veau de lait ou du mouton, ou de subir la chèvre et le veau broutard.

L'ordre sur ce point est nécessaire. Il faut obliger le boucher à mieux opérer en laissant au consommateur la faculté d'acheter la viande en tout temps, selon son goût et ses moyens, comme il se procure les primeurs, ou de n'en faire usage que dans l'abondance qui provoque les bas prix. Cela est d'autant plus nécessaire, que c'est ordinairement lorsque le veau est cher que le mouton est à bon marché, et réciproquement.

Il arrive aux bouchers de passer la viande sur la balance et de dire au client : « Il y en a pour tant, » sans accuser le prix du kilo, qui n'est pas toujours connu de l'acheteur.

Le boucher vend sa viande à plusieurs prix. Cela se concevrait si ce n'était que pour les parties plus ou moins osseuses ou défectueuses; mais le prix pour la même viande varie selon les connaissances ou les exigences du consommateur.

Ce sont deux procédés abusifs dont les personnes trop confiantes sont victimes.

Il sera utile pour tout le monde de régler la vente d'une manière uniforme.

M. le maire de Besançon a, par un arrêté du 29 novembre 1860, prescrit que toute viande exposée serait étiquetée; il a, de plus, ordonné l'insertion, chaque mois, dans les journaux de la localité, en regard du nom de chaque boucher, du nombre et des espèces de bêtes abattues, ainsi que des quantités de viande dépecée introduites en ville.

Ces dispositions fort louables ont amené la suppression totale de l'abattage des taureaux et d'une grande partie des vaches. Maintenant que les noms sont publiés, personne ne veut passer pour abattre du taureau. Seulement, comme l'arrêté n'a pas tout prévu, et que certains bouchers trouvent légal tout ce qui n'est pas défendu, les jeunes vaches qui n'ont pas encore de dent, et qui sont souvent pleines, sont abattues comme veaux, puis leur viande est débitée pour le pot-au-feu.

La seconde partie de l'arrêté, celle qui concerne la visite des viandes dépecées et la publication par les journaux des quantités introduites en ville, est presque sans effet. D'après les tableaux publiés pour les mois de juin et septembre derniers, pas un gramme de viande du dehors ne figure au nom d'un boucher, et cependant l'octroi a perçu les droits sur 7,392 kilos en juin et 5,608 kilos en septembre. Pour l'année entière de 1862, les quantités signalées aux tableaux s'élèvent à peine à 4,000 kilos, tandis que les registres d'octroi constatent la perception sur 99,528 kilos et demi de viande dépecée !

Plus ces sortes de viandes sont dissimulées, plus elles doivent être suspectées comme dangereuses pour la salubrité publique.

Substituez la publicité et le grand jour à l'obscurité et aux dissimulations du commerce de la boucherie et vous ferez naitre la concurrence ; protégez par une loi ou un bon règlement les mesures propres à mettre en évidence la loyauté, tel est l'unique moyen de résoudre le problème.

Voici d'abord comment Messieurs les maires pourraient procéder incontinent, par un arrêté, dans les localités où le commerce de la boucherie laisse à désirer. Ce seraient des dispositions exécutoires seulement quinze jours après sa publication afin de laisser aux bouchers le temps de débiter les bestiaux achetés.

1° Prescrire qu'un préposé de la municipalité passera une fois par semaine dans les boucheries, de préférence l'après-midi qui suit un marché ; ainsi, à

Besançon, le jeudi, d'une heure à quatre, alors que le marché doit être terminé, pour faire déclarer à chaque boucher les prix auxquels il vendra du samedi au vendredi suivant inclusivement la viande de bœuf, vache, taureau, veau broutard (1), veau de lait, mouton, bouc ou chèvre ;

2° Faire publier par les journaux de la localité et des affiches apposées aux lieux ordinaires et à l'extérieur de la porte de chaque boucherie, les prix de vente qui seront alors obligatoires entre le boucher et le consommateur ;

3° Faire prendre note avec soin, à l'abattoir, du nombre et de la qualité de chaque pièce de bétail abattue pour les inscrire en regard du nom du boucher, en même temps que les prix qu'il déclarera pour la semaine suivante, conformément au tableau qui suit :

(1) *Génisses, bouvillons* et *taurillons.*

BESTIAUX *abattus à Besançon et viandes mortes reçues du dehors du*

au   *avec les prix des viandes du*   *au*

NOMS des Bouchers.	Bœufs. Qualité, nombre et prix.				Vaches. Qualité, nombre et prix.				Taureaux Qualité, nombre et prix.			Veaux broutards Qualité, nombre et pr.			Veaux de lait. Qualité, nombre et prix.				Moutons. Qualité, nombre et prix.				Bones ou chèvres Qualité ,r. nombre et p			Viandes du dehors. Espèce, qualité, poids et prix.			
	Très-bon	Bon	Passable	Prix, le kilo	Très-bon	Bon	Passable	Prix, le kilo	Bon	Passable	Prix, le kilo	Bon	Passable	Prix, le kilo	Très-bon	Bon	Passable	Prix, le kilo	Très-bon	Bon	Passable	Prix, le kilo	Bon	Passable	Prix, le kilo	Espèce	Qualité	Kilos	Prix, le kilo

4° Rejeter des pesées les rognons et leur graisse des bœufs et moutons; les quatre quartiers, soit la viande net des bœufs, veaux et moutons, en feront seuls parties, sauf les filets de bœuf que le boucher n'est pas tenu de livrer au prix commun.

Les autres parties des animaux seront vendues à des prix particuliers, à la pièce ou par pesées séparées.

5° Faire répartir sur les pesées les parties osseuses suivant le choix des morceaux, puisqu'il n'y aura plus qu'un prix de vente pour les quatre quartiers du même animal.

Nota. Les déclarations des bouchers relatives aux prix de la semaine ne les lieront en aucune façon pour les fournitures faites à l'armée ou à de grands établissements, soit de gré à gré, soit par marché.

LA CONCURRENCE.

Le premier résultat sera la connaissance pour tout le monde des prix de viande de chaque boucher et la garantie de la qualité.

Le second sera la suppression dans les pesées des morceaux dits *réjouissance* pour tout ce qui est étranger aux *quatre quartiers formant seuls la viande de boucherie.*

Le troisième sera la faculté pour les familles de se procurer en tous temps l'espèce et la qualité de viande qu'elle voudront, et de profiter du bon marché dans les moments d'abondance et de baisse. Le boucher étant tenu de livrer à tout le monde la viande demandée au prix de sa déclaration, sera bien obligé de fixer ses prix de vente d'après ses prix d'achat.

Le quatrième sera le besoin pour les bouchers de satisfaire leur amour-propre en ménageant leur réputation par la vente de bonnes qualités pour échapper à la critique de tous.

Le cinquième sera de rendre difficile à la vente les bestiaux de mauvaise qualité, et d'obliger ainsi les éleveurs et nourrisseurs à mettre en bon état leurs animaux pour en avoir le débouché; alors, les qualités étant améliorées, la production de la viande sera augmentée sensiblement, car un bœuf maigre gagne facilement 50 à 100 kilos quand il est engraissé.

Le sixième sera d'augmenter la production des graisses, ce qui est essentiel pour la soupe des classes ouvrières. Le beurre à 2 ou 5 francs le kilo n'est pas à la portée des petites bourses, tandis que la graisse, plus profitable, est déjà abordable à son prix moyen d'un franc vingt centimes, et le sera davantage quand une abondance plus grande pourra faire diminuer encore son prix.

Le septième, enfin, consistera en ce que la santé publique sera mieux préservée, la publicité des fraudes frappant de discrédit ceux qui ne craindraient pas de les commettre.

MESURES

POUR L'EXÉCUTION DU RÈGLEMENT.

A Besançon, les bouchers n'ont pas de syndicat. On peut peut-être s'en passer, et peut-être aussi ne serait-il pas mal que cet organe existât pour les relations entre l'administration et la boucherie. Toutes deux pourraient y gagner. Dans le cas de solution affirmative, le syndic et son adjoint devraient être nommés par le maire.

Les dispositions principales pour l'exécution du règlement devraient être les suivantes :

1° Exiger du vendeur, autant que possible, la déclaration du prix de vente.

2° Faire signer au bureau d'octroi tout introducteur de bouc ou chèvre en ville, pour, au moment de la sortie, obliger le vendeur à déclarer le nom de l'acquéreur.

3° Obliger les bouchers à présenter au préposé de l'abattoir chaque animal avant de l'abattre ou de le saigner. Exiger la présence de l'employé à l'ouverture de chaque corps, et ne permettre au boucher de disposer du foie, des poumons et des rognons de chair qu'après visite et consentement dudit préposé.

Si l'employé de l'abattoir n'est pas médecin vétérinaire, les viandes qui lui paraîtront suspectes devront être examinées par un artiste, avec le concours du syndic ou de son adjoint.

4° Tenant compte de l'esprit de la loi du 10 mai

1846, qui prescrit la libre concurrence des bouchers forains pour la vente des viandes en ville, arrêter que toutes les viandes présentées aux bureaux d'octroi, sauf celles salées ou les petites quantités considérées comme provisions particulières de ménage, seront accompagnées jusqu'à l'abattoir où elles seront visitées.

Ce sera un faible surcroît de personnel et de dépense, et la santé publique vaut bien la chose.

Du reste, il s'agit de la boucherie, c'est-à-dire du plus gros revenu de l'octroi, revenu qu'on augmenterait au besoin par l'élévation des droits d'abattage, si cette mesure était reconnue indispensable à la sécurité générale.

5° Appliquer des peines sévères au boucher qui manquerait à ses obligations.

6° Charger le préposé de l'abattoir du classement des qualités de chaque animal, après avoir au besoin entendu le syndic.

La qualification « très-bon » ne devra jamais être employée pour les taureaux, veaux broutards, boucs ou chèvres ; elle ne pourra l'être pour les bœufs que quand il seront *gras*, de l'espèce la plus fine de la localité (à Besançon, les fémelins) ou pour les bœufs extraordinaires, comme ceux dits de carnaval ou de Pâques.

La qualification « bon » devra être employée pour tous les autres bœufs *gras* et ceux de la fine espèce qui seront dans un état satisfaisant.

La qualification « passable » s'appliquera aux autres bœufs admis à la consommation.

2

Les vaches devront être classées, pour les qualités, de la même manière que les bœufs.

Dans le classement des bœufs ou vaches, on devra tenir compte du grand âge, qui n'est pas en faveur de la qualité.

Les bœufs dont la castration ne sera pas entièrement cicatrisée devront être classés comme taureaux.

La qualification « bon » ne devra être employée que pour les taureaux de la fine espèce et en bon état de graisse. Tous les autres devront avoir la qualification « passable ».

La qualification « bon » appartiendra aux veaux broutards qui seront gras et qui pourront suppléer à la viande du veau de lait. Les autres seront qualifiés « passables » quand ils pourront encore suppléer à la viande du veau de lait.

Les bouvillons, génisses et taurillons abattus pour suppléer à la viande bœuf, seront classés aux qualités « passables » de bœuf, vache ou taureau. Il faudrait une qualité exceptionnellement belle pour être qualifiée « bon. »

En ce qui concerne les moutons, la qualification « très-bon » ne devra être employée que pour les *francs-moutons* d'une qualité supérieure. La qualification « bon » ne devra être employée que pour les francs-moutons gras et les brebis d'une qualité supérieure. Les béliers et autres moutons et brebis devront être qualifiés « passable. » La qualification des chèvres *grasses* sera « bon ; » celle des autres chèvres et boucs sera « passable. »

Le travail indiqué ci-dessus sera encore plus facile

que celui pratiqué par les Israélites, où le sacrifica-
teur est obligé de visiter dans tous les détails chaque
pièce de bétail, volaille, etc., avant qu'elle soit
livrée à la consommation.

Pour l'exécution dans les boucheries, le change-
ment ne sera pas grand à Besançon. Il suffira de
tenir la main à ce que les bouchers perdent l'habitude d'ajouter aux pesées des parties étrangères aux
quatre quartiers, tels que le canon et le pâturon,
que les bouchers nomment « pied de bœuf, » les os
de la tête de veau, etc.

Quant à la répartition des parties osseuses, selon
le choix des morceaux, cela se fait déjà en grande
partie, et il est très-facile de le faire entièrement. Le
premier morceau emporte un petit bout du morceau le moins bon, et ainsi de suite, de manière à
arriver aux morceaux moyens qui se livrent sans
refus, puisqu'ils les portent avec eux soit en os, soit
en qualité inférieure. Au besoin, une tournée ou
deux dans les étaux, par le syndic ou son adjoint,
accompagné de l'inspecteur des boucheries, suffiront
à assurer la parfaite régularité des ventes. Ce sera de
la perfection à côté des localités suisses où le boucher
prend au bout d'une moitié de bœuf selon l'ordre
d'arrivée des clients, sans distinction de morceaux.
Quand la viande est bonne, une exigence trop
minutieuse de la part du consommateur serait hors
de propos, car il ne faut pas se dissimuler que le
même morceau se présente avec plusieurs qualités ;
ainsi, un gigot de mouton produit des tranches dont
la qualité augmente progressivement au fur et à

mesure qu'elles s'éloignent du manche ; un rognon de veau offre cinq sortes de viandes distinctes : 1° le rognon même ; 2° la graisse qui l'enveloppe ; 3° la partie du filet qui est sous le rognon ; 4° la partie extérieure sur l'os, qui forme comme la noix d'une cotelette, et 5° la partie abdominale ou flanchet qui couvre le rognon. Raisonnablement, en boucherie, on ne peut pas descendre à ces détails.

Chacun aura la faculté de demander le morceau qu'il voudra, mais conformément au proverbe : Selon le péché la pénitence ; plus on exigera comme choix, plus on aura de *refus* ; cependant le refus ne sera pas exagéré, puisque le boucher ne pourra plus le prendre que dans les quatre quartiers.

OBSERVATIONS DIVERSES.

Avec la création des chemins de fer, les prix des céréales se sont nivelés dans les provinces, à la différence du transport près ; 100 kilos de blé sur une place, ou 100 kilos sur une autre, c'est le même poids ; et en faisant la part des qualités, suivant les provenances, quand on connait les cours, chacun sait à quoi s'en tenir et s'arrange en conséquence.

Pour le bétail, c'est tout différent : sans compter que la boucherie est déjà la *bouteille à l'encre* pour bien du monde, chaque localité diffère sur le mode de pesage des bestiaux. Dans une ville, on pèse la viande des quatre quartiers, le cuir, la graisse, la queue et le diaphragme, le tout sous une réduction de 10 kilos pour être pesé chaud et 5 pour 100 sur le suif ; dans une autre ville, on pèse les quatre quartiers avec les rognons et leur graisse, en abandonnant tout le reste au boucher ; ailleurs, on pèse seulement les quatre quartiers de viande nette sans rognons ni graisse et avec des réductions qui varient ; ou bien encore, la queue est pesée ou ne l'est pas, les cornes restent ou ne restent pas après le cuir ; on coupe le cuir rond aux genoux des bœufs ou on le dépouille jusqu'aux pâturons, etc., etc.

La tour de Babel offrait bien des langages divers, et cependant il n'est pas douteux que les modes de pesage ne soient encore plus différenciés.

Comment les éleveurs peuvent-ils être fixés sur la valeur exacte des cours à l'effet de conduire leurs produits là où ils trouvent le plus d'avantages, tout en provoquant une diminution des prix trop élevés pour le consommateur?

En dehors de Paris, seul point, à peu près, qui attire l'attention des marchands, il n'est pas douteux que selon le débordement tardif d'une rivière au printemps, qui altère les récoltes des prairies, ou une sécheresse qui grille l'herbe sur pied, ou une saison pluvieuse qui détériore la récolte, les bestiaux peuvent subir des fluctuations de prix assez notables pour qu'une province soit dans le cas d'opérer avec sa voisine. Tout le monde y trouverait son compte, et il n'y aurait plus de contraste avec le système légal des poids et mesures qui est l'unité, la simplicité pour tous.

Ce serait donc un service notable pour le pays, si l'administration supérieure, par une mesure générale, fixait l'unité dans le mode de pesage des animaux vendus au poids.

Ce serait encore un service bien grand si les intéressés étaient définitivement fixés sur les maladies qui rendent les viandes malsaines et impropres à la consommation.

La défense d'entreposer des cuirs ou peaux, lors des foires et marchés, dans les cours de l'abattoir, serait sans doute une mesure hygiénique préservative à l'encontre les mouches qui, après avoir séjourné sur des débris provenant d'animaux morts de maladie, et peut-être du charbon ou du farcin, se posent ensuite sur les viandes.

Dans les villes comme Besançon, où le marché au bétail se tient à l'intérieur, il serait tout-à-fait équitable de tolérer, sous de simples mesures de précautions, le pesage des animaux aux bureaux d'octroi sans obliger le propriétaire à y consigner une somme assez forte pour garantie des droits. Il n'est pas douteux que c'est parfois un obstacle à un plus grand concours de bestiaux, ce qui est préjudiciable aux acheteurs et aux vendeurs empêchés.

Il serait aussi bien à désirer que les marchés aux veaux fussent toujours tenus dans des lieux couverts. Par la pluie, la neige et la glace, ces jeunes animaux tremblent et souffrent; dans cet état, séparés de leur mère, surtout s'ils doivent vivre encore plusieurs jours, ils perdent de leur qualité. Ce mal est non-seulement contraire à l'esprit de la loi Grammont, mais il est en opposition avec la sollicitude de l'administration quand ce sont les particuliers qui se trouvent lésés.

Les municipalités agiront avec prudence en se réservant l'exploitation des abattoirs et la perception des droits d'abattage Jamais il ne doit y avoir lieu de laisser dire que, pendant vingt-cinq ans tel boucher, fermier de l'abattoir, aurait eu derrière lui treize de ses collègues pour associés; que les bénéfices, atteignant plusieurs milliers de francs par an servaient à faire ripaille à la saint Antoine, et pouvaient être employés à un usage moins innocent, à ruiner, par des manœuvres occultes, toute concurrence loyale, à étouffer toute idée philanthropique, à gagner des faveurs, à rallier les forces collectives d'une association pour dérouter de la recherche du vrai. A Besançon, rien de semblable n'est à craindre, la ville régissant désormais son abattoir.

CONSIDÉRATIONS GÉNÉRALES.

Il est regrettable d'avoir eu à constater, d'après les données les plus exactes, que la consommation moyenne de viande d'un habitant en France n'est que de 20 kilogrammes, tandis qu'en Angleterre elle est de 68 kilogrammes !

L'aliment le plus profitable à la santé et au développement des forces physiques, celui qui vient en aide, dans une certaine proportion, aux forces intellectuelles, n'atteint donc pas chez nous le tiers du chiffre auquel il est porté chez les Anglais !

Combien cette comparaison doit stimuler l'émulation de tous les Français éclairés ? Nous avons bien le vin qui supplée un peu à pareille insuffisance ; mais, malgré cela, nous sommes encore bien en arrière. Il faut donc aviser par tous les moyens possibles et raisonnables à augmenter la production de la viande. Pour y arriver avec certitude, le procédé le plus efficace et le plus naturel est dans la RÈGLEMENTATION DU COMMERCE DE LA BOUCHERIE. Chaque pas fait dans cette voie sera une amélioration de plus pour le consommateur. Avec l'indication des qualités, mises en regard du nom de chaque boucher, il n'est douteux pour personne que le vendeur ne voudra plus débiter que du bon, et que, par la force des choses, les nourrisseurs devront rehausser la qualité de leur bétail pour en trouver la vente. Sur ce premier point, le consommateur aura une qualité supérieure, et les·animaux ne donneront pas en moyenne une augmentation de poids moindre de 25 kilos par pièce de gros bétail, et 2 kilos par veau et mouton. Si cette augmentation est calculée sur la simple consommation annuelle de Besançon, qui est en chiffre rond de 3,500 grosses pièces, 10,000 veaux et 17,000 moutons, la production en plus sera de 121,500 kilos. Quel sera alors l'accroissement sur toute la France?

La règlementation produira une augmentation bien autrement considérable pour la qualité et la quantité : ce sera par le classement des espèces fémelines dans les qualités supérieures. Il sera juste, quand deux bœufs seront aussi gras l'un que l'autre, de classer à une qualité plus élevée celui qui aura les membres minces, une petite tête, le cuir souple, les cornes claires, la viande fine, courte et juteuse, quand l'autre aura une grosse charpente osseuse, une viande à gros fils, presque sèche et qui noircit peu après sa sortie du pot-au-feu. Il faut encore noter que le premier de ces bœufs, d'un caractère docile, intelligent, excellent au travail, est un petit mangeur, d'un bon entretien et que l'on engraisse facilement; tandis que le second, moins sensible au commandement, moins adroit dans ses mouvements, est gros mangeur et difficile à engraisser. Avec toutes ces différences, si on désossait ces deux bœufs, on peut estimer que le premier donnerait en os le huitième du poids de sa viande, et le second en donnerait près du cinquième.

Il faut s'attendre à des résultats immenses au point de vue de l'économie et de la qualité. Cependant, rien ne doit être brusqué : les améliorations se feront à la longue et c'est peut-être dans dix ans que des résultats sérieux seront acquis. Les progrès seront plus rapides dans les montagnes du Doubs où les nourrisseurs ne prennent plus le temps nécessaire pour engraisser. Il y a seulement vingt ans, les propriétaires n'engraissaient des bœufs que deux fois dans le cours de l'année : aux pâturages pendant la saison d'été, et à l'écurie pendant l'hiver. C'était peu comparativement aux éleveurs de Maine-et-Loire qui mettent deux ans pour engraisser leurs bœufs; aussi de tous les départements, c'est celui qui fournit le plus à Paris. Dans le Doubs, les nourrisseurs de la vallée d'Ornans, celle qui approvisionne en partie Besançon, ne mettent généralement plus que six semaines, non pour les engraisser, mais pour les *blanchir*. Si cela continuait ainsi, les bouchers finiraient par aller prendre les bœufs à la charrue pour les conduire à l'abattoir. Il est temps d'y mettre ordre si on ne veut laisser la viande de boucherie se raréfier davantage et fournir ainsi au boucher le prétexte d'une nouvelle augmentation de prix.

Il est cependant facile, en Franche-Comté, où se trouvent les bœufs fémelins qui n'ont de rivaux en France pour la qualité de leur viande que dans la race cotentine (Manche), de produire des animaux propres à la boucherie.

Les Francs-Comtois devraient se piquer d'amour-propre et être fiers de la possession de leur race fémeline, à laquelle les cotentins mêmes sont inférieurs pour le travail, et qui remporte les premiers prix dans les concours. Ce ne sont que les races anglaises qui peuvent être préférables pour la viande, mais il n'y a pas à en être jaloux, parce que les Anglais s'occupent surtout de l'amélioration de la viande, de l'abondance du lait, et fort peu du travail si nécessaire en France, où nous avons une agriculture que les Anglais ne possèdent pas au même degré.

Afin de multiplier les moyens d'émulation, la *Société d'agriculture du Doubs* pourrait décerner à l'avenir des primes aux animaux gras pour la boucherie. Maintenant que le gouvernement se charge des primes pour les chevaux, la société aurait plus de latitude pour créer des primes dont l'effet serait d'augmenter la qualité et par conséquent la quantité de la viande, car l'un ne va pas sans l'autre. Il serait sans doute bon d'encourager aussi particulièrement les propriétaires de vaches grasses pour combattre les préjugés de l'opinion envers ces animaux. Il n'est pas douteux qu'une vache, qui a fait 10 ou 12 veaux, qui est maigre et que l'on ne peut presque plus remonter, ne doit donner qu'une viande de pauvre qualité; mais c'est l'exception. Un propriétaire n'a pas intérêt à conserver une vache dont la production du lait diminue quand elle arrive au dernier âge. Les vaches livrées à la consommation sont pour la plupart des génisses qui ne prennent pas le bœuf, ou celles d'un bon âge encore qui cessent de le prendre, ou des vaches dont le lait n'est pas assez abondant, ou enfin celles que les propriétaires sont parfois obligés de vendre, qu'elles soient jeunes ou non. Si toutes ont été préalablement bien nourries, leur viande est bonne. On aurait même un consommé délicieux et de la viande très-bonne à manger avec de la vache grasse qui porterait son second ou son troisième veau depuis quelques mois.

Dans les encouragements les plus utiles, il faut comprendre la propagation des prairies, cette source la plus feconde en richesses. N'est-ce pas avec les prairies naturelles et articielles que l'on produit la viande et l'engrais? N'est-ce pas avec l'engrais que l'on fertilise les terres? Les terres fertilisées ne produisent-elles pas encore la viande avec les racines fourragères, les pommes de terre, les issues des céréales et les menus grains; enfin ne donnent-elles pas le pain à l'homme? Chacun sait cela. Mais l'émulation dans la pratique est-elle en rapport avec l'immense intérêt que ce sujet comporte? Malgré le meilleur vouloir, on ne peut pas admettre l'affirmative.

Signaler l'insuffisance, c'est indiquer le bien possible, et des hommes éminents pourront réaliser ce bien si désirable.

La boucherie servira de moyen à l'administration et aux comices pour exciter les éleveurs à mieux faire. Par la publicité du classement de chaque animal abattu, les bouchers, désireux de satisfaire leurs clients et l'opinion, donneront aux nourrisseurs une impulsion nouvelle qui fera rechercher, et, à la longue, substituer les races distinguées aux races **communes**.

Avec la règlementation, la porte sera fermée au monopole, et alors les prix de vente seront toujours basés sur les effets de la libre concurrence, qui produit une moyenne équitable pour tout le monde. L'administration pénétrera plus facilement dans les mystères de ce genre de commerce et pourra plus sûrement y exercer une action salutaire.

L'uniformité dans les pesages des bestiaux vendus au poids, et la publicité à l'aide de la comparaison, des prix d'achats et de vente entre plusieurs localités, produiront l'office d'un régulateur.

L'opinion n'aura à tenir compte que d'une chose qui peut lui échapper, c'est du prix des cuirs et suifs qui, du plus haut au plus bas, peut présenter une différence d'environ 80 fr. par paire de bœufs, ce qui pourrait occasionner une différence de prix sur la viande d'à peu près 10 centimes par kilo.

En proposant ce système de règlementation, l'auteur ne désespère pas de voir un jour, avec les modifications que le temps pourra suggérer, son utile application à la boulangerie, au commerce des vins, etc.

Pour la boulangerie, en dehors du pain de luxe, l'administration n'aurait plus qu'à prescrire les types de qualités, le degré de cuisson et le poids maximum des pains. Cela n'empêcherait pas la mercuriale de s'établir comme par le passé, et quinze jours ne s'écouleraient pas sans que l'on vît les prix varier chez les boulangers, selon les achats plus ou moins heureux, les besoins de réaliser, le désir d'augmenter sa clientèle, la nécessité de vendre une marchandise qu'une plus longue conservation pourrait altérer, etc.

Vendeurs et acheteurs ne s'en trouveraient sans doute pas mal.

Ne serait-il pas instructif et commode pour les consommateurs de lire sur une affiche à la porte d'un marchand de vin :

Vin de tel vignoble, récolte de telle année, à tant le litre ;

Vin de tel autre vignoble, telle année, à tant le litre ;

Vin de cuvée, composé comme suit :

Vin du Midi, telle année, tel vignoble, litres,	28
Vin du pays, id. id. id.,	35
Eau,	35
Teinture de telle substance, pour couleur,	1
Extrait de framboise ou autre pour bouquet,	1
Total, litres,	100

à raison de tant le litre ;

Eau-de-vie, etc., etc.

Les vendeurs, ainsi liés par un contrat, sous certaines peines envers les consommateurs, apporteront la sécurité dans les transactions, et cet exemple concourra à moraliser les populations.

On ne peut donc avoir qu'un désir, celui d'en voir les résultats assurés par une loi.

CONSIDÉRATIONS

SUR LES

FOURNITURES DE VIANDES A L'ARMÉE.

Ce ne sont plus les hommes, accompagnés du caporal-payeur, qui font les achats pour les ordinaires. Ce sont les corps qui achètent en gros, par marchés, chez les boulangers, bouchers, épiciers, etc. Le tout s'exécute sous la surveillance d'une commission représentée par un capitaine.

Ce nouveau mode n'a pas obtenu, à sa création, l'approbation de tous les officiers. Les uns disaient : « C'est faire descendre l'officier à des détails qui ne devraient pas l'occuper, et enlever au soldat la liberté de disposer de son argent comme bon lui semble; les galons des sous-officiers ne devraient même pas se mêler des dépenses et des préparations qui n'intéressent que les hommes; les officiers ne connaissant pas la viande, ce n'est pas leur affaire, on peut les tromper, etc. »

D'autres officiers, principalement les plus distingués, ou ceux qui ont fait les corvées d'ordinaire étant soldats, approuvaient la mesure.

Le sou par franc au caporal, les gratifications aux cuisiniers et aux hommes qui sont ordinairement les meneurs de chambrées ou compagnies, mettaient les fournisseurs trop à l'aise pour les livraisons; les chefs d'ordinaire n'auront plus l'occasion de dissiper par entraînement l'argent qui leur est confié; l'inconduite et ses tristes conséquences ne sont plus possibles. La suppression de ces abus ne doit-elle pas produire un bon effet moral sur les hommes et des améliorations dans les ordinaires? Personne n'en peut douter. Il serait certainement préférable que les hommes eussent la sagesse nécessaire pour s'entendre et se pourvoir eux-mêmes; malheureusement il n'en est point ainsi. Il n'est pas douteux que si chaque homme recevait son argent pour suffire lui-même à ses besoins, un certain nombre d'entre eux n'auraient plus que du pain à manger pendant les derniers jours qui précèdent le prêt. C'est donc aux chefs à intervenir dans la règlementation de l'ordinaire et à prévenir les abus.

Le capitaine n'éprouve pas de froissement à aller à la corvée du pain, du combustible et des objets de literie. Il ne doit pas être plus contrarié de présider à la réception de la viande, qui représente l'intérêt principal de l'ordinaire. La sollicitude du commandant de compagnie ne peut pas s'étendre trop loin pour les hommes; la mission qui lui est confiée de surveiller les dépenses a pour conséquence d'appeler toute son attention sur les économies ou améliorations possibles dans l'emploi des fonds. Le maréchal Bugeaud n'a pas craint, pendant son gouvernement en Algérie, de s'occuper de tous les détails qui touchaient au bien-être du soldat, et celui-ci le considérait comme un père.

Il faut reconnaître que l'application d'un nouveau système, qui change de vieilles habitudes, ne plaît pas toujours à ses débuts, et qu'il peut dans les premiers moments diviser les esprits ; mais, ici, il est certain que quand la mesure sera bien comprise et en pleine activité dans toutes les garnisons, l'armée devra de la reconnaissance à son auteur, le maréchal Randon, ministre de la guerre.

La question résolue en ce sens, voici des considérations qui peuvent trouver leur place dans la pratique :

En fourniture militaire, comme dans le commerce civil, il convient de ne prendre pour base du raisonnement que les quatre quartiers d'un animal qui constituent seuls la viande de boucherie. Il sera toujours temps d'admettre, pour faciliter la passation des marchés, les parties que les ordinaires pourront tolérer.

Quand les corps voudront passer des marchés, il sera toujours bon de le faire annoncer huit ou dix jours d'avance par les voies ordinaires de publicité et surtout dans les lieux où se tiennent les marchés au bétail et aux abattoirs.

Cinq manières d'opérer s'offrent pour le service des viandes à la troupe :

1° Acheter et abattre pour son compte ;

2° Acheter la viande du bœuf entier ;

3° Acheter la viande d'un bœuf entier, moins deux ou trois parties réservées au fournisseur ;

4° Acheter la viande de certaines catégories, dans des proportions déterminées, conformément au tableau qui servait pour la taxe à Paris ;

5° Acheter les bas morceaux que les bouchers

servent ordinairement à la troupe, composés des joues, du collier, du gîte ou trumeau (jarret), du cœur, des débris ou restes d'étal et d'une ou deux tranches de pis (poitrine).

Nous passons à l'examen de ces cinq moyens :

1° Ne parlant pas d'une armée en campagne, où les services administratifs fonctionnent, il convient d'éviter absolument en France de faire acheter et abattre par l'armée. Les difficultés que présenteraient les achats et le parti à tirer des dépouilles ne pourraient être surmontées par des personnes étrangères à ces sortes d'opérations; les résultats seraient onéreux aux ordinaires. Il convient donc de ne pas s'arrêter davantage sur ce premier moyen qui doit être écarté.

2° En dehors des garnisons ordinaires, où se trouvent des agglomérations de troupes, comme au camp de Châlons et ailleurs, l'armée peut trouver son compte à acheter les quatre quartiers complets du bœuf.

3° Dans les villes de garnison, et partout où il y aura un débouché fructueux des parties recherchées par la clientèle bourgeoise, l'armée pourra avec avantage traiter pour les quatre quartiers, sauf les réserves fixées avec le fournisseur. Les réserves sont faciles à distinguer : aux quartiers de devant, le carré de côtes-couvertes; aux quartiers de derrière, tout, sauf le flanchet ou pis et les cuissots coupés ronds au milieu de la tranche grasse, de manière à représenter le tiers de la rouelle.

4° En achetant les morceaux selon les catégories établies au tableau qui servait à la taxe, il faudrait avoir la certitude de ne recevoir que les morceaux composant réellement la catégorie désignée. Cela n'est pas facile. Avec l'admission d'une fourniture par morceaux, les plus adroits, s'ils ne sont pas de la spécialité, peuvent être trompés.

Ce mode ne doit donc pas être recommandé.

5° La manière dont les bouchers ont généralement servi la troupe est plus franchement mauvaise; on sait que les pesées étaient composées, comme il est dit plus haut, et quelquefois avec addition de viande de veau sevré, d'os de tête de veau ou de mouton; ce qui donnait du bouillon blanc et des portions peu fortifiantes.

C'est encore un système à abandonner.

Avec les viandes désignées à la deuxième et troisième manières d'opérer, les commissions pourraient, au besoin, admettre dans les marchés :

Les joues, après en avoir fait abattre l'os frontal, le bassin de l'œil, la mâchoire à la naissance de la chair et le dessous présentant un bel aspect de viande;

La langue étant très-propre;

Le cœur ayant le sang entièrement extrait;

Les rognons de chair;

La queue;

Le filet mignon.

Avec ces parties, on peut aussi bien faire des portions qu'avec la viande des quatre quartiers, et les prix pourront en être sensiblement réduits.

Avant de terminer un marché, les commissions pourraient stipuler les livraisons gratuites du foie, des poumons, de la rate, des os de la mâchoire, des canons et pàturons. Tout cela , la rate surtout, convient pour améliorer la qualité du bouillon, mais ne doit pas servir à faire les portions; ce n'est que quand les gamelles sont servies que les cuisiniers doivent répartir sur les gamelles les plus faibles , le foie , les poumons et la rate.

Ce serait même une garantie pour la salubrité des viandes d'exiger, à titre gratuit, la livraison des poumons, foie et rate lors des agglomérations de troupes, alors que les services civils hygiéniques ne sont pas organisés comme dans l'intérieur des villes. L'armée a toujours dans son sein des docteurs en médecine ou des médecins vétérinaires. Leur concours pourrait être utile pour visiter les viscères et constater par-là si les viandes sont saines ou non. A leur défaut, Messieurs les officiers pourraient les suppléer en donnant leur attention aux explications suivantes :

Les viscères peuvent avoir des boucles d'eau rousse, être graveleuses ou adhérentes et ne rien valoir par elles-mêmes, sans que la viande de l'animal en soit altérée. En cas de phthisie pulmonaire, quand les tubercules sont encore à l'état de crudité, la viscère seule est mauvaise, la viande est bonne. Quand les tubercules sont à l'état purulent, mais sont encore enkystés, que le pus n'a pas encore été répandu dans les tissus cellulaires, la viande n'est pas encore malsaine. Quand le pus est à l'état liquide et qu'il s'est infiltré dans les parois, la viande doit presque certainement être enfouie; pour y échapper, il faudrait qu'elle fût très-grasse, ressemblant à de la viande neuve, ferme et d'un aspect sain. Alors, comme pour les cas qui précèdent, il faudrait faire enlever et détruire le diaphragme et la plèvre entièrement ; on pourrait même anéantir la poitrine et les côtes soupçonnées d'infiltration.

L'obligation de livrer les rognons de chair pourrait aussi fournir l'occasion de reconnaître les animaux qui étaient malades de la pierre et dont la vessie a été rupturée : quand l'urine a été répandue dans le corps et qu'elle a séjournée sur les chairs assez longtemps pour s'y infiltrer, les rognons en ont une forte odeur, surtout au centre où est la glande qui secrète l'urine ; la vérification est encore facile en portant au nez le rognon coupé frais. Quand les rognons ont décelé le mal, la viande des quartiers de derrière, quand elle est chaude, doit être terne et violacée à l'extérieur par les mille fibres qui se sont mal dégorgées de leur sang altéré ; à l'intérieur, elle doit être brillante par l'eau qui s'exprime. Douze heures après, la viande est livide, humide, sans fermeté et dépure une eau rousse. En un jour d'été ou deux d'hiver, si la température n'est pas au-dessous de zéro, la décomposition s'achève rapidement. Les quartiers de derrière de l'animal ainsi atteint, doivent être enfouis, tandis que ceux de devant peuvent être livrés à la consommation, grâce à la protection qu'ils tirent de la séparation des deux estomacs.

Pour faciliter à Messieurs les officiers la reconnaissance des viandes, il serait bon de faire établir des planches représentant les quatre quartiers complets d'un bœuf, les quatre quartiers quand les parties réservées au fournisseur en sont détachées, et aussi les parties réservées.

Pour les qualités, avec un peu d'habitude, on arrive assez vite à distinguer le bon, le passable et le mauvais. Généralement la viande des bœufs est ferme et a la couleur vive; celle de vaches, surtout quand elle sont vieilles, est plus molle et plus pâle, la graisse plus jaune et les parties externes plus plates: celle du taureau est rouge, presque sans graisse, et les parties externes arrondies, ce qui, quand l'animal est sur pied, le fait prendre pour un bœuf gras par ceux qui se croient connaisseurs.

Les viandes chaudes que l'on est obligé de tenir quelquefois en été, ne peuvent pas avoir de consistance, et, tranchées dans cet état, la coupe devient noire quelques heures après, sans qu'on doive s'y arrêter.

Il convient de laisser les viandes s'essuyer six à huit heures entre la fin du travail de l'abattoir et leur mise en distribution pendant les chaleurs, et toujours une nuit dans les saisons tempérées et l'hiver.

Pour que la qualité soit bien satisfaisante, il faudrait que les quartiers de viande fussent toujours couverts d'une couche de graisse sur toute leur étendue; mais pour le service de l'armée, on peut exiger que la couche soit représentée sur plusieurs parties, que la coupe des côtes découvertes (sous l'épaule) soit marbrée comme si c'était lardé.

Les chairs blanches provenant d'animaux trop jeunes, qui n'ont pas encore de dents, ou celles qui sont noires ou presque sans graisse, flasques et décolorées, ne doivent pas être admises.

Sauf la masse de suif qui enveloppe les rognons, laquelle doit être retirée, il ne faut pas se plaindre de la graisse dont l'usage est si profitable à la qualité de la soupe, où les légumes sont abondants en raison du peu de viande et qui satisfait le soldat en lui permettant de voir, comme il dit, des yeux sur son bouillon. Il ne faut pas oublier que ceux qui ont beaucoup de viande à leur disposition n'en aiment que le maigre, et que moins on en a plus on aime le gras; il y a là un goût instinctif, car c'est la graisse qui nourrit le plus. Ensuite, chacun sait que la viande grasse profite dans la marmite, tandis que la maigre se réduit sans faire le même bien.

Si des objections s'élevaient sur le poids des bœufs, et que l'on crût que les plus gros sont préférables aux plus petits quand ceux-ci ont l'âge et la qualité, ce serait une erreur. La jactance des bouchers n'est pas un motif pour qu'on ait foi dans une assertion sans valeur.

Un détail qui n'est pas sans intérêt pour les soldats, c'est de tenir à ce que le bouillon soit en pleine cuisson quand on le sert dans les gamelles, et de puiser avec la cuiller dans l'endroit du bouillonnement pour que les premières n'aient pas tout le bon et les dernières ce qui serait inférieur.

La viande de veau, par son peu de consistance comme nourriture, doit sans doute être considérée comme viande de luxe au point de vue de la bourse du soldat, et alors il est inutile d'en parler.

Pour le mouton, le mode de réception est facile : le fournisseur devra être tenu de livrer le mouton entier, corps vide, c'est-à-dire les quatre quartiers sans être séparés, les rognons et leur graisse restant au corps, ainsi que la queue et le diaphragme, mais en ayant soin d'enlever la tête, les pieds, tout l'intérieur y compris la totalité du foie et de la rate. Pour la qualité, l'essentiel est que les rognons de chair soient entièrement, ou à peu près, cachés dans leur graisse, que l'extérieur, sur les côtes, soit gras et les poitrines convenablement épaisses.

Quant au lard, il doit être livré en grandes bandes, blanc, ferme, bien salé, sec et en état d'une bonne conservation pour le suspendre en l'air; les parties osseuses doivent en être écartées.

Le saindoux doit être blanc, ferme autant que la température le permet et avoir une odeur agréable; les graisses jaunâtres, noirâtres, d'un goût rance et qui ne sont pas susceptibles d'être fermes, doivent être rejetées.

Si, pour le lard et le saindoux, on s'écarte de ces conditions, on courra risque d'avoir de mauvaises livraisons.

Dans les clauses que l'administration peut stipuler au cahier des charges, l'une des plus importantes serait l'obligation absolue de faire livrer les viandes à la caserne. Ce moyen est celui qui offrirait le plus de sécurité pour la suppression d'abus préjudiciables à la ration du soldat. Tant que les bouchers sauront qu'il y a dans les instructions une latitude pour recevoir en boucherie s'ils se refusent de livrer à la caserne, ils agiront toujours autant que possible pour éviter cette condition. Si le cahier des charges était formel, les bouchers accepteraient partout les livraisons aux casernes. Est-ce qu'ils ne livrent pas dans les hospices, dans les lycées et dans les autres grands établissements? Cependant ces fournitures isolées n'ont pas l'importance de celles faites à un régiment. Avec l'armée, pourquoi ne seraient-ils pas tenus de faire des livraisons aussi bien exposées et visitées qu'ailleurs? Sur ce point Son Excellence le maréchal Randon a déjà beaucoup fait, et il faut espérer qu'avec sa sollicitude pour le soldat, la mesure sera définitive, car ici on peut dire en toute assurance que « vouloir, c'est pouvoir. »

Quelle est la position d'un capitaine chargé de la réception dans l'étal d'un boucher? S'il remarque des viandes défectueuses ou des bas morceaux en grande quantité, on lui dit : « Ce n'est pas pour vous, capitaine. » Si les viandes sont toutes découpées, comment un officier peut-il visiter et reconnaître tous les morceaux? Cela est fort difficile. Si les quartiers sont entiers, une fois agréés, quand le fournisseur les fera découper par plusieurs garçons sur deux ou trois points à la fois, et que les tranches arriveront de toutes parts près des balances, comment le capitaine pourra-t-il se rendre compte de tout ce qui se passe? Puis, sous le comptoir des balances, à l'endroit où l'on porte la viande détaillée, n'y a-t-il pas un rayon pour dissimuler ce qui pourra être introduit dans les pesées? Le capitaine, qui veut passer derrière ce banc, n'est-il pas gêné, et s'il y passe, les garçons ne savent-ils pas y mettre obstacle avec la graisse ou le sang qui tache et même les éclats de moelle ou d'os? Ne peut-on pas non plus occuper son attention sur une question du cahier des charges, sur un quartier de viande ou cent autres sujets pendant qu'on le trompe ailleurs?

Dans son amour-propre très-légitime, quand un officier est incertain sur un point, ne peut-il pas préférer se taire en présence d'étrangers tels que visiteurs ou clients civils?

Dans le local de la caserne, au contraire, le fournisseur peut-il se justifier de la présence de mauvaise qualité ou de morceaux étrangers à la livraison? Là, le capitaine pourra examiner à son aise les quartiers de viande; il pourra même se faire renseigner par qui bon lui semblera, et il parlera en maître, si c'est nécessaire, parce qu'il sera chez lui.

Quand il aura autorisé les garçons à découper, il lui suffira de faire surveiller l'entrée et la sortie pour être certain que pas un morceau ne sera ajouté, retiré ou substitué.

Ce sera une des réformes les plus considérables et les plus utiles.

En passant les marchés, il serait bon de ne pas oublier que le semestre d'hiver offre une différence notable dans les prix des bœufs avec le semestre d'été. Non-seulement la viande est à plus bas prix du 1er octobre au 31 mars que du 1er avril au 30 septembre, mais les bouchers ont beaucoup plus de facilité dans leur commerce, ce qui, dans l'ensemble, leur permet de faire une différence de 12 à 15 pour 100.

Il est dit précédemment que le mode par lequel le soldat serait le mieux traité consisterait à recevoir les quatre quartiers complets et seuls. Dans les localités où cette manière de livrer rencontrerait des prix exagérés, on pourrait permettre la levée des filets, et, s'il le faut, pour concilier un prix raisonnable avec des livraisons satisfaisantes pour l'alimentation de la troupe, autoriser le fournisseur à distraire les côtes couvertes, la plus grande partie de la cuisse et au besoin admettre les parties déjà désignées antérieurement. Quant au système des bas morceaux seuls, il est rigoureusement nécessaire de ne plus les admettre, n'importe la vileté du prix. Il se trouve des personnes qui, après avoir prêté l'oreille aux dires des bouchers, sont assez bonnes pour croire qu'un bas morceau d'un bon bœuf est préférable à un morceau moyen d'une qualité courante. C'est une erreur aussi grande que si l'on disait que les abattis d'une poularde ou d'un fin chapon valent le corps d'une poule ou d'un coq, quand même la crête, les haricots et le foie en seraient enlevés. Avec les bas morceaux la soupe n'est pas grasse, les portions de viande sont très-petites et généralement coriaces. Avec les quatre quartiers, même sous les réserves stipulées en faveur du boucher, tout est amélioré; enfin, il est positif que 90 centimes de viande du prix de 90 centimes le kilo, profiteront bien plus que 90 centimes de viande de 75 centimes le kilo, si cette dernière provient des abattis d'un bon bœuf, tandis que la première est de toute viande, ou à peu près, d'un bœuf de qualité moyenne.

Il paraît que ce fait incontestable, n'aurait pas toujours sa justification aux yeux de chefs qui ne connaissent que la prescription du règlement exigeant un minimum de 250 grammes de viande par jour à chaque homme. Il paraît encore qu'au-dessus d'un certain prix, la solde ne permet pas de donner cette quantité, et le soldat est obligé d'être servi au-dessous du bien A ce compte, au lieu de faire cribler le blé et de faire bluter à 20 pour 100, on pourrait faire tirer 20 pour 100 de fleur de farine de la mouture, laisser le son et les criblures dans le pain et augmenter le poids des rations sans en élever le prix. Seulement, comme l'armée s'en trouverait fort mal, on peut exprimer le vœu que l'administration supérieure , tenant compte des qualités possibles de viande, avise au moyen de modifier les instructions concernant le poids de la ration.

L'obligation qui a été imposée sur quelques points, de faire couper, autant que possible, les jarrets à 10 centimètres, n'est pas une mesure équitable. Quelles que soient les localités et les modes de peser les bœufs achetés au poids par les bouchers, les quatre quartiers sont toujours considérés comme viande nette, et comme il convient de respecter partout le sentiment du métier, il faut accepter pour viande de boucherie ce que le boucher a acheté comme telle. Dans un bœuf on peut faire une distinction du cuir, de la graisse de rognon, de tout l'intérieur et des extrémités, mais ce qui est considéré, sans exception, comme viande de boucherie, doit être accepté. Le contraire mènerait loin, parce qu'on pourrait alors exiger des viandes désossées, perdre pour la soupe le suc des os et provoquer des prix inadmissibles. Avec ces exigences, le boucher froissé combattra toujours l'exécution de cette condition, et, ne se rendant pas compte qu'elle ne lui donne guère qu'un pour cent de perte, il augmentera son prix de 3, 4 ou 5 pour cent.

Pendant le semestre d'hiver, le fournisseur doit avoir la faculté de ne livrer la viande qu'une fois par jour si le service n'en souffre pas. Pour le semestre d'été, il doit livrer deux fois.

Au début des fournitures par régiment, les ordinaires n'étant pas outillés, le génie fournissait les crochets et tables, et le livrancier était chargé du banc, des balances, scies, couteaux, etc. Maintenant que ce genre de service est définitivement arrêté, il serait sans doute bon de faire outiller les ordinaires et de ne plus rien demander au fournisseur. Il conviendrait même de faire livrer la viande en gros, et qu'elle soit divisée aux ordinaires par des hommes du corps. Dans chaque régiment, il se trouve toujours d'anciens garçons bouchers, et au besoin, on peut demander au fournisseur de préposer un garçon pour mettre au courant ceux qui seraient désignés pour ce service.

Une fois la viande reçue, l'essentiel est de tenir à une juste répartition des morceaux dans les pesées aux ordinaires. Pour cela, il faut distinguer trois catégories de viande :

1° Les parties osseuses ;

2° Les parties en chair ;

3° Les parties grasses ;

Les parties osseuses sont dans l'épaule, la cuisse ou cuissot, la joue et la queue.

Les parties en chair sont dans l'épaule, la cuisse ou cuissot, les côtes découvertes, le collier, le cœur, la langue, les rognons et le filet mignon.

Les parties grasses sont le surplus du bœuf, poitrine ou pis, côtes couvertes, flanchet, etc.

Aux yeux de bien du monde, la viande de vache est sensiblement inférieure à celle du bœuf, et celle du taureau ne vaut presque rien. Ces appréciations sont exagérées.

Un bœuf gras, une vache grasse et un taureau gras conviennent tous trois, dans une certaine proportion, à l'alimentation de la troupe. Un bœuf de charrue, une vache fraiche au lait et un taureau qui fait les saillies ne conviennent ni les uns ni les autres. Le tout est donc d'apprécier l'animal dans les conditions où il se trouve, et de le prendre pour ce qu'il vaut. Il est évident qu'un bœuf de cinq ans, de la fine espèce, très-gras et qui n'a jamais travaillé, est ce que l'on pourrait désirer de mieux ; mais comme le soldat ne peut pas y prétendre pour faire son ordinaire, il faut admettre les bœufs de qualité courante, qualité dans laquelle les vaches grasses peuvent prendre rang sans défaveur ; aussi, chaque fois qu'une vache est saine et assez grasse, elle doit être admise concurremment, sans distinction, avec le bœuf. Son exclusion, même limitée, n'aurait aucune raison d'être pour l'ordinaire et provoquerait inutilement une augmentation du prix de la viande.

Pour le taureau, ce serait encore une erreur de

prononcer son exclusion; seulement des réserves sont nécessaires. La première condition de son admission doit être une baisse de prix sur l'ensemble d'une fourniture; ensuite, il convient que la quantité n'entre pas pour plus d'un septième dans les distributions; enfin, pour la qualité, il faut exiger quelques couches de graisse qui indiquent que l'animal a eu une nourriture substantielle pendant un repos assez long.

Il n'appartient pas à l'auteur de ce Mémoire de s'occuper des clauses et conditions à stipuler au cahier des charges comme garantie d'une bonne exécution du service; seulement, pour éviter la fériation et peut-être la privation d'espèces si nécessaires dans le commerce, il serait préférable, après avoir traité avec quelqu'un de solvable, d'exiger simplement, à titre de caution, la signature d'une personne aussi réputée solvable.

F. RENAUD.

Besançon, février 1863.

BESANÇON, IMPRIMERIE DE J. BONVALOT.

BESANÇON. — IMPRIMERIE DE J. BONVALOT.